꺼지지 않는 불꽃

스푼북은 마음부른 책을 만듭니다. 맛있게 읽자, 스푼북!

꺼지지 않는 불꽃

개정판 1쇄 발행 2017년 05월 15일
개정판 6쇄 발행 2021년 03월 02일

글 김종렬 | 그림 이광익

ⓒ 2016 김종렬
ISBN 979-11-9601-029-4 73910

* 저작권법에 의하여 한국 내에서 보호를 받는 저작물이므로 무단 전재와 무단 복제를 금합니다.
* 이 도서의 국립중앙도서관 출판예정도서목록(CIP)은 서지정보유통지원시스템 홈페이지(http://seoji.nl.go.kr)와
  국가자료공동목록시스템(http://www.nl.go.kr/kolisnet)에서 이용하실 수 있습니다. (CIP제어번호 : CIP2017007599)
* 책값은 뒤표지에 있습니다.

발행처 주식회사 스푼북 | **발행인** 박상희 | **출판신고** 2016년 11월 15일 제2017-000267호
제조국 대한민국 | **주소** (03993) 서울시 마포구 월드컵북로 6길 88-7 ky21빌딩 2층
전화 02-6357-0050(편집) 02-6357-0051(마케팅)
팩스 02-6357-0052 | **전자우편** book@spoonbook.co.kr
블로그 blog.naver.com/spoonbook1
*10세 이상 어린이 제품

제품명 꺼지지 않는 불꽃	**제조자명** 주식회사 스푼북	**제조국명** 대한민국
전화번호 02-6357-0050	
주소 (03993) 서울시 마포구 월드컵북로 6길 88-7 ky21빌딩 2층	
제조년월 2021년 03월 02일	**사용연령** 10세 이상	
※ KC마크는 이 제품이 공통안전기준에 적합하였음을 의미합니다.	

⚠ 주 의

아이들이 모서리에 다치지
않게 주의하세요.

대조영의 발해 건국 이야기

꺼지지 않는 **불꽃**

김종렬 글 ㅣ 이광익 그림

스푼북

작가의 말

발해를 알고 있나요? 대조영이 세운 발해는
고구려의 힘찬 기상을 이어받은 나라였어요.

　전성기에는 고구려보다 더 넓은 땅을 다스렸고 당나라가 '바다 동쪽의 번성한 나라'라는 뜻으로 '해동성국'이라 부를 만큼 찬란한 문화를 가지고 있었지요.
　당나라와 신라의 공격으로 고구려가 무너지고 수십 년 동안 고구려 땅은 주인 없이 버려져 있었어요. 드넓은 고구려 땅을 모두 다스릴 수 없었거든요.
　고구려가 다시 일어나는 것을 바라지 않았던 당나라는 성과 마을을 불태우고 수많은 고구려 유민들을 강제로 당나라로 끌고 갔어요. 끌려간 유민들의 삶은 몹시 고되고 힘들었어요. 당나라 병사들의 매서운 감시와 통제 속에서 노예나 다름없이 살아야 했으니까요. 그렇지만 유민들은 고구려를 잊지 않았어요.
　영주 땅으로 끌려간 대조영도 유민들의 고통과 아픔을 함께 느끼며 고구려를 다시 일으키겠다는 의지를 굳건히 했어요. 그리고 거란이 군사를 일으킨 틈을 타 고구려 유민과 말갈인을 이끌고 영주를 벗어나 고구려 땅으로 향했어요. 고구려를 잇는 발해의 역사가 시작된 것이지요.

안타깝게도 남아 있는 역사책에는 발해를 세운 이야기가 아주 간략하게 기록되어 있어요. 대조영에 대한 기록도 많이 남아 있지 않아요. 대조영이 고구려 유민과 말갈인을 이끌고 고구려 땅이었던 동모산까지 가는 동안 대체 무슨 일이 일어났을까요?

 대조영은 수많은 어려움을 헤치고 나아갔어요. 점점 늘어나는 사람들을 이끌고 멀고 먼 길을 가며 굶주림과 추위, 두려움을 견뎌야 했고 당나라의 위협에도 맞서야 했어요. 예상하지 못했던 시련이 계속되었을 거예요. 많은 어려움 속에서 대조영의 마음은 더욱 단단해지고 고구려 유민과 말갈인도 하나가 되어 갔을 거예요.

 온갖 위험을 뚫고 고구려 땅을 향해 한 걸음 한 걸음 내딛는 대조영과 유민들을 따라가 보겠어요? 나라를 잃은 고구려 유민의 아픔과 발해를 세우고자 하는 대조영의 굳은 의지를 조금이라도 느낄 수 있었으면 좋겠어요.

김종렬

차례

작가의 말 · 4

피어오르는 먼지구름 · 8

주먹 쥔 손 · 15

두려움이 없는 마음 · 21

불타오르는 영주 · 29

요동을 향해 · 39

산자락을 돌아 다시 먼 길 · 48

모여드는 유민들 · 55

다가오는 위험 · 64

죽음을 각오한 싸움 · 71

천문령을 넘어 · 82

발해, 새 나라를 열다 · 93

피어오르는 먼지구름

 마른바람이 언덕을 넘어왔다. 바람 속에 흙먼지가 섞여 있었다. 조영은 고개를 들어 저 멀리 동쪽 벌판을 살폈다.
 바싹 메마른 동쪽 벌판에서 흙먼지가 일었다. 뿌옇게 피어오른 먼지구름 속으로 당나라 병사들이 보였다. 두 손이 밧줄에 묶인 사람들이 병사들에게 끌려가고 있었다.
 "아버지, 당나라 병사들이 영주 땅을 지나가고 있어요!"
 조영은 말을 몰아 걸걸중상에게 다가갔다. 북쪽 돌산으로 달려가던 걸걸중상이 언덕 위에서 말을 멈추었다. 검은 말이 갈기를 털며 푸르르 울음소리를 냈다.
 "어디서 끌려온 사람들일까요?"
 조영은 아버지에게 물었다.

"요하 너머 요동 땅에서 끌려온 고구려 유민일 게다."

요하는 요서와 요동을 나누는 강이다. 요하를 건너 동쪽으로 가면 고구려가 다스리던 요동 땅이 나온다. 그러나 요동은 이제 고구려 땅이 아니다. 고구려는 멸망한 나라였다.

"저 많은 사람들을 어디로 끌고 가려는 걸까요?"

"많은 유민들이 서쪽 땅으로 끌려간다고 한다. 그곳보다 더 먼 당나라 남쪽까지 끌려간 사람들도 많다더구나."

조영은 아버지를 힐끔거렸다. 고구려 유민의 아픔을 누구보다 깊이 헤아리는 아버지였다. 그런데 목소리에 아무런 감정도 실려 있지 않았다. 조영은 그런 아버지가 야속했다.

그 마음이 얼굴에 드러났는지 걸걸중상이 조영을 물끄러미 바라보았다.

"아직도 분하더냐?"

조영은 대답하지 않았다.

십여 년 전, 당나라와 신라의 공격으로 고구려가 무너졌을 때 조영과 걸걸중상도 영주까지 끌려와야 했다. 낯선 당나라 땅으로 끌려온 사람들은 조영의 가족만이 아니었다. 수만 명의 고구려 유민들이 당나라 병사의 매서운 채찍을 견디며 요하를 건너야 했다.

조영은 나라를 잃은 백성이 어떤 일을 겪어야 하는지 뼈저리게 깨달았다. 당나라로 끌려오다 쓰러진 사람들은 차가운 땅에 그대

로 버려졌다. 도망치려던 유민들은 당나라 병사가 휘두르는 칼에 썩은 나무처럼 풀썩 쓰러졌다.

"조영아."

걸걸중상이 나지막이 아들을 불렀다. 조영은 가만히 고개를 들어 아버지를 쳐다보았다.

"모두 잊어버리거라."

'내가 잊을 수 있을까? 아버지는 모두 잊어버린 걸까?'

조영은 눈을 감으면 영주로 끌려오던 일이 마치 어제 일처럼 생생하게 떠올랐다.

"그 기억을 떨치지 못하면 괴롭고 힘들 뿐이다."

"그럼 아버지는 다 잊고 여기서 당나라 관리들이 시키는 대로 땅을 일구며 살 거예요?"

조영의 목소리에 힘이 들어갔다. 조영은 원망이 가득한 눈으로 아버지를 보았다.

영주로 끌려온 유민들은 걸걸중상을 믿고 의지했다. 험악한 당나라 병사와 관리들의 싸늘한 눈초리 앞에서도 걸걸중상은 굴하지 않았다. 언제나 병들고 다친 유민들을 돌보았다. 관리들은 걸걸중상을 못마땅하게 여겼지만 많은 유민들이 믿고 따랐기 때문에 함부로 대하지 못했다.

"말갈인과 함께 일한다고 해도 돌밭을 일구라는 것은 정말 억지

예요!"

돌밭이 있는 북쪽 벌판은 바위와 자갈투성이였다. 걸걸중상은 그 땅을 일구라는 당나라 관리의 명령을 받아들였다. 그나마 말갈인이 함께 일하게 된 것도 걸걸중상이 요청했기 때문이었다.

"저는 아버지가 왜 그리하시는지 모르겠어요. 힘들게 땅을 일구어도 농작물은 당나라가 모조리 빼앗아 갈 뿐이잖아요."

조영의 입에서 볼멘소리가 나왔다. 괜히 분한 마음이 들었다.

"조영아……."

걸걸중상의 얼굴에 그늘이 졌다.

"너는 고구려 땅에 살고 있는 것이 아니다. 나라 잃은 백성의 삶은 고된 것이란다."

조영은 입을 꾹 다물었다. 영주에 살고 있는 조영이나 서쪽으로 끌려가는 고구려 유민들의 처지는 다를 게 없었다. 모두 나라를 잃은 힘없는 백성일 뿐이었다.

"서둘러 돌밭으로 가지 않으면 감독관에게 눈총을 받을 게다. 어서 가자."

걸걸중상은 북쪽으로 말 머리를 돌렸다. 검은 말이 긴 울음소리를 토해 냈다.

조영은 말 위에 우두커니 앉아 있었다. 언덕을 내려간 아버지가 먼지를 일으키며 멀리 앞서가고 있었다.

'고구려가 있던 동쪽 땅으로 말을 달릴 수 있다면 얼마나 좋을까? 그런 날이 오기는 할까?'

조영은 고개를 저었다. 그런 날이 영영 오지 않을 것만 같은 생각에 가슴이 먹먹해졌다.

주먹 쥔 손

"그 소문 들었나? 보장왕이 고구려를 되살리려다 실패했다고 하네."

"그게 참말인가?"

동쪽 벌판의 먼지구름이 사라지자 유민들 사이에 이상한 소문이 퍼져 나갔다.

"얼마 전에 서쪽으로 끌려간 사람들이 요동에서 잡힌 말갈인과 고구려 유민이라네. 보장왕이 요동 땅의 백성들을 모아 당나라와 싸우려 했다더군."

"역시 왕께서 우리를 버린 것이 아니었군."

고구려 유민들은 당나라 병사들의 감시를 피해 몰래몰래 수군거렸다. 어린아이부터 말갈인에 이르기까지 소문을 모르는 사람이 없었다.

몇 해 전 고구려의 마지막 왕이었던 보장왕이 당나라가 주는 벼슬을 받고 요동 땅으로 떠난 일이 있었다. 요동에서 끝까지 싸우는 고구려 백성들을 보장왕을 앞세워 달래려고 당나라가 꾸민 일이었다.

보장왕마저 당나라의 허수아비가 되었다고 믿은 유민들은 크게 실망했다. 유민들의 가슴속에는 여전히 고구려가 있었기 때문에 다시 고구려 땅으로 돌아갈 날만을 기다렸다.

소문을 듣고 조영의 가슴은 두근거렸다. 하지만 걸걸중상은 소문에 대해 아무런 말이 없었다. 묵묵히 돌밭을 일구면서 병들고 다친 유민들을 돌볼 뿐이었다.

조영은 다리를 다친 유민을 살피고 돌아오는 아버지를 힐끔거렸다.

"할 말이 있느냐?"

걸걸중상이 걸음을 멈추더니 조영을 빤히 바라보았다. 조영은 쭈뼛거리다 고개를 숙였다.

"나는 다친 사람들을 더 돌봐야 하니 먼저 집으로 돌아가거라."

걸걸중상은 차갑게 조영을 지나쳤다.

조영은 멀어지는 아버지를 멍하니 바라보았다. 비록 보장왕은 실패했지만 아버지에게서 아직 희망이 있다는 말을 듣고 싶었다. 부질없다는 것을 알면서도 아버지가 먼저 그렇게 말해 주기를 바랐다. 조영은 무거운 돌을 얹어 놓은 것처럼 가슴이 답답했다.

터벅터벅 걷다 보니 큰길에 많은 사람들이 모여 있었다. 칼을 든 당나라 병사들도 보였다. 사람들이 모인 곳에 고개를 꼿꼿이 든 어린아이가 당나라 관리와 마주 서 있었다.

"그래도 잘못을 빌지 않는구나!"

당나라 관리가 불같이 화를 내더니 아이에게 발길질을 했다. 얻어맞은 아이는 바닥으로 풀썩 쓰러졌다가 입술을 꽉 다문 채 울지도 않고 일어났다.

"고구려 놈들은 하나같이 지독하구나!"

관리가 씩씩거렸다. 모여 있던 사람들이 관리의 싸늘한 눈초리를 피해 슬금슬금 물러섰다.

"네가 내 앞길을 막아 가지 못했으니 말 옆에 엎드려라!"

관리는 아이의 등을 밟고 말에 오르려고 했다. 그러나 아이는 엎드리지 않고 버티었다. 병사들이 칼로 위협해도 눈 하나 깜짝하지 않았다. 더욱 화가 난 관리가 병사의 칼을 빼앗아 들었다. 당장이라도 아이를 내려칠 기세였다.

조영은 자기도 모르게 아이 앞으로 달려가 관리를 막아섰다. 조영이 갑자기 끼어들자 놀란 관리가 두 눈을 끔뻑거렸다.

"감히 내 칼을 막아서다니 겁이 없구나!"

관리의 얼굴이 잔뜩 일그러졌다.

"네가 저 아이 대신 발판이라도 되겠다는 것이냐?"

조영을 흘겨보던 관리가 가소롭다는 듯 입꼬리를 쭉 올렸다.

조영은 분한 마음이 앞서 눈앞의 칼도 무섭지 않았다. 그런데 꼿꼿하게 버티던 아이의 주먹 쥔 손을 본 순간 눈앞이 아득해졌다. 아이의 마음속에는 분노가 가득했다. 파르르 떨리는 주먹이 그렇게 말하고 있었다.

주먹을 꽉 쥐었지만 아무것도 할 수 없는 아이의 마음이 고구려 유민의 마음이었다. 나라를 잃은 백성의 삶이었다.

조영은 분한 마음을 꾹 누르고 말 옆에 엎드렸다. 관리가 비웃으며 조영의 등을 세게 밟고 말에 올랐다.

"네가 엎드리지 않았다면 저 아이는 무사하지 못했을 것이다!"

관리는 부릅뜬 눈으로 조영을 쏘아보고는 곧 병사들과 함께 자리를 떠났다. 모여 있던 사람들도 고개를 숙인 채 뿔뿔이 흩어졌다.

조영은 부스스 일어섰다. 아이가 조영 곁으로 쭈뼛쭈뼛 다가왔다. 어찌나 주먹을 꽉 쥐었던지 아이의 손이 빨갛게 물들어 있었다. 뺨에서는 눈물이 또르르 흘러내렸다.

아이가 말없이 소매로 눈물을 훔쳐 냈다.

"왜 그랬어?"

조영은 아이에게 가만히 물었다.

"난 길을 막지 않았어요. 관리가 딴짓을 하다가 뒤늦게 나를 보고 놀라 말을 멈춘 거예요."

눈물을 닦던 아이가 또박또박 대답했다. 조영은 아이를 멀뚱히 바라보다가 웃고 말았다.

"그래도 당나라 관리와 맞서면 안 돼."

"왜 안 돼요? 난 잘못하지 않았어요!"

조영을 노려보는 아이의 두 눈에 원망이 서려 있었다.

조영은 당황스러웠다. 분한 마음만으로는 당나라를 이길 수 없다고 말해 주고 싶었다. 하지만 입이 떨어지지 않았다. 고구려 유민이기 때문에 당해야만 하는 것이 너무도 억울했다.

만약 분함을 참지 못하고 당나라 관리에게 끝까지 대들었다면 어떻게 되었을까? 조영은 상상하고 싶지 않았다. 관리는 망설이지 않고 칼을 휘둘렀을 것이다.

어쩌면 아버지도 참아 내고 있는 게 아닐까? 조영은 문득 그런 생각이 들었다. 슬픔과 분노를 모두 끌어안고 당나라에게서 유민들을 지키려는 게 아닐까? 그렇지만 나라를 잃고 당나라에 끌려와 노예처럼 살아가는 유민들을 무엇으로 지킬 수 있을까?

두려움이 없는 마음

달빛조차 없는 밤이었다. 조영은 아버지와 방에 마주 앉아 있었다. 며칠 전 당나라 관리 앞에서 꼿꼿하게 버티던 아이의 얼굴이 아른거렸다. 아버지는 아무것도 묻지 않았다. 당나라 관리가 아버지를 찾아와 크게 호통치고 돌아갔다는 것을 알지만 조영도 그날 일에 대해 말하지 않았다.

조영은 밖으로 나가려고 자리에서 일어섰다. 그때 문을 두드리는 소리가 들렸다.

문을 열고 들어온 사람은 말갈의 추장 걸사비우였다. 걸걸중상과 걸사비우는 당나라의 감시를 피해 은밀하게 만나고 있었다.

조영이 나가려 하자 걸걸중상이 불러 앉혔다.

"이제는 너도 알아야 할 때가 되었구나."

조영은 어리둥절했다.

"유민들 사이에 떠도는 소문은 모두 사실이다. 보장왕이 고구려 부흥 운동을 일으키려다 당나라에 발각되어 끌려갔다."

조영은 동그래진 눈으로 아버지를 바라보았다.

"참으로 안타까운 일이오."

걸사비우가 무거운 표정으로 고개를 끄덕이며 말했다.

"비록 실패로 끝났지만 보장왕은 고구려의 혼이 살아 있다는 걸 유민들에게 일깨워 주었다."

"옳은 말씀이오! 그 사실을 유민들에게 알린 것도 아주 좋은 생각이었소!"

걸사비우가 힘주어 말했다. 이야기를 듣고 있던 조영은 놀랐다.

"그 소문을 아버지께서 퍼뜨리신 거예요?"

"그래, 영주 땅으로 끌려온 유민들에게 필요한 것은 희망이다. 다시 고구려 땅으로 돌아갈 수 있다는 희망이 있다면 어떤 고통도 참고 견뎌 낼 수 있다."

걸걸중상은 강한 의지가 담긴 얼굴로 조영을 바라보았다.

"고구려는 700년이 넘는 긴 역사를 이어 왔다. 연개소문이 죽고 그의 아들들이 권력 다툼을 벌이지 않았다면 그리 쉽게 무너지지 않았을 것이다. 나라는 망했지만 고구려 땅의 백성들은 지금도 당나라와 싸우고 있다. 혼이 살아 있다면 아직 희망이 있는 것이다."

"그렇소, 요동 땅에는 당나라에 굴복하지 않은 백성들이 아직 많소!"

조영도 들은 적이 있었다. 고구려는 멸망했지만 백성들이 곳곳에서 당나라에 저항하고 있다는 이야기였다. 하지만 영주에서는 아주 먼 곳의 일이라고 생각했다.

"지금이 좋은 기회요. 우리의 뜻이 같고, 보장왕이 한 일을 알게 된 유민들도 우리와 같은 마음일 것이오!"

걸사비우가 우렁우렁한 목소리로 말했다.

조영은 걸사비우와 아버지를 번갈아 바라보았다. 가슴이 쿵쿵 뛰었다.

"거란까지 힘을 모은다면 더 빨리 뜻을 이룰 수 있을 것이오!"

걸사비우의 목소리가 한층 더 높아졌다. 그러나 걸걸중상은 깊은 생각에 빠진 듯 한동안 말이 없었다.

"조영아."

걸걸중상이 나지막이 조영을 불렀다.

"고구려 유민과 말갈인은 함께 고구려 땅으로 돌아갈 것이다."

생각지도 못한 말이 흘러나왔다. 조영은 흔들리는 눈으로 아버지를 바라보았다.

"그러나 지금은 때가 아니다."

"때가 아니라니 그게 무슨 말씀이오?"

걸사비우가 당황한 얼굴로 끼어들었다.

"거란은 우리와 처지가 다릅니다. 당나라의 지배를 받고 있지만 거란의 추장 이진충은 당나라가 내린 벼슬을 받았습니다. 또한 거란은 오래전부터 고구려와 싸워 왔지요."

"나도 잘 알고 있소. 하지만……."

걸사비우가 말을 잇지 못한 채 한숨을 내쉬었다.

"우리는 거란이 어떤 생각을 가지고 있는지 모릅니다. 섣불리 움직이는 것은 너무 위험합니다."

"하나 거란과 뜻을 모으지 못하면 영주를 벗어날 수 없소."

"그렇기 때문에 기회가 찾아올 때까지 더욱 신중하게 기다려야 합니다."

걸사비우는 입을 다문 채 대답이 없었다. 굵은 눈썹만 꿈틀거릴 뿐이었다.

"뜻이 그렇다면 참고 기다리겠소. 당나라는 오랫동안 우리 말갈인을 업신여겨 왔소. 영주 땅을 벗어나지 못하면 말갈인은 계속 고통받을 것이오. 우리도 고구려 땅으로 유민들과 함께 가고 싶소!"

굳어 있던 얼굴을 펴며 걸사비우가 호탕하게 말했다. 조영은 가슴이 벅차올랐다. 달리는 말처럼 심장이 힘차게 뛰기 시작했다.

조영은 아버지와 북쪽 돌산으로 말을 달렸다. 그동안 아버지가 당나라 관리의 명령을 묵묵히 받아들인 까닭도 알게 되었다. 말갈인과 함께 돌산의 거친 땅을 일구는 동안 아버지는 걸사비우와 뜻을 모으고 있었던 것이다.

언덕 위에 다다르자 걸걸중상이 말을 멈추어 세웠다. 조영도 말고삐를 당겼다.

"조영아."

걸걸중상은 달려온 언덕길을 굽어보았다. 눈길이 가닿은 곳에 고구려 유민이 모여 사는 거주지가 있었다.

"보장왕이 고구려 부흥 운동을 벌인 일로 당나라의 감시가 더욱 심해질 게다."

실제로 유민들의 거주지를 지키는 당나라 병사들이 더 늘어나 유민들이 몇 명만 모여 있어도 득달같이 달려와 위협했다. 고구려 유민들이 힘을 모으지 못하게 하려는 속셈이었다.

"지금은 당나라와 맞서 싸울 힘이 너무나 부족하다. 감시 때문에 병사를 모아 훈련할 수도 없구나."

조영은 아버지의 얼굴을 물끄러미 쳐다보았다.

"우리가 다시 고구려 땅으로 돌아갈 수 없다고 생각하느냐?"

걸걸중상이 미소를 지었다. 조영의 마음을 다 알고 있다는 듯한 미소였다.

"마음이다."

"네?"

"지금 유민들에게 칼보다 더 중요한 것은 마음이다."

"마음이라고요?"

조영의 고개가 한쪽으로 기울었다.

"두려움이 없는 마음. 어떤 것에도 무너지지 않는 마음. 반드시 고구려 땅으로 돌아갈 수 있다는 강한 마음, 그것이다."

걸걸중상은 잠시 쉬었다가 말을 이었다.

"가장 중요한 것은 너의 강한 마음이다. 그래야 흔들리는 유민들의 마음을 하나로 모을 수 있다. 알겠느냐?"

조영은 선뜻 대답하지 못했다. 강한 마음이 무엇인지 알 수 없었다. 어쩌면 주먹을 쥐고 꼿꼿하게 버티던 아이의 마음이 무엇보다 강한 마음이 아니었을까?

"아이를 지키려고 칼 앞에 나섰던 용기를 잃지 마라."

생각지도 못했던 아버지의 말에 조영은 깜짝 놀랐다.

"힘없는 아이를 도우려 했듯 유민들의 고통을 외면하면 안 된다. 유민들의 아픔과 분노를 가슴 깊이 새겨야 한다. 강한 마음이 있다면 당나라도 두려울 게 없다. 어떤 고난과 어려움도 모두 떨쳐낼 수 있다."

조영은 아버지를 바라보았다. 아버지의 밝은 미소가 한없이 따뜻하게 느껴졌다.

"네, 절대 잊지 않을 거예요!"

걸걸중상이 흐뭇한 미소를 지었다.

"조영아, 앞으로는 네가 유민들을 이끌어야 한다. 멀고도 험한 길이겠지만 우리는 반드시 돌아가 고구려를 다시 일으켜야 해. 그 날이 올 때까지 참고 기다리며 준비하자."

"네, 꼭 돌아갈 거예요! 유민들과 함께 돌아가 고구려를 다시 세울 거예요!"

조영은 고개를 꼿꼿이 들고 벌판을 바라보았다. 말고삐를 잡은 두 손에 잔뜩 힘이 들어갔다. 가슴이 한없이 뜨거워졌다.

불타오르는 영주

 조영은 돌산을 지나 집으로 향했다. 지독한 가뭄이 계속되고 있었다. 바싹 메마른 땅이 거북 등딱지처럼 쩍쩍 갈라졌다. 곡식은 하얗게 말라 가고 있었다.
 "가뭄으로 유민들이 굶주리는데 조문홰의 횡포가 더해 가니 큰일이구나!"
 조영은 마음이 무거웠다. 영주 땅을 다스리는 당나라 관리인 조문홰가 터무니없이 많은 세금을 거두어들이고 있었다. 가뭄 탓에 먹을 것조차 모자랐지만 조문홰는 곡식을 빼앗듯이 거두어 갔다. 유민들에게서 긁어모은 세금으로 영주성에서는 매일같이 잔치가 벌어졌다.
 세월은 쏜살같이 흘러갔다. 하지만 영주를 벗어날 기회는 좀처럼 찾아오지 않았다. 조영의 두 아들은 무럭무럭 자라고 있었고 걸걸중상을 따르던 유민들도 조영을 믿고 의지했다. 조영은 어려운 일이 닥칠 때마다 유민들을 위해 나섰다. 그래도 조문홰의 횡포와 가뭄을 이겨 낼 도리가 없었다.

조영이 답답한 마음으로 마을에 이르렀을 때 마을 주민이 허겁지겁 뛰어왔다.

"당나라 관리가 병사들을 이끌고 와서 마구 행패를 부리고 있습니다!"

잔뜩 겁에 질린 목소리였다. 조영은 서둘러 말을 몰았다.

마을은 아수라장이었다. 당나라 병사들이 닥치는 대로 집을 뒤지며 창과 칼로 유민들을 위협하고 있었다.

"곡식과 재물을 숨겨 둔 자가 있다면 살아남지 못할 줄 알아라!"

당나라 관리가 채찍을 휘두르며 고함을 질렀다. 조영의 눈앞에서 굶주린 유민들이 힘없이 쓰러졌다.

"어찌 이렇게까지 한단 말인가! 당장 그만두시오!"

조영은 말에서 뛰어내려 관리에게 달려갔다. 참아 왔던 분노가 머리끝까지 끓어올랐다.

"흥, 또 네놈이로구나!"

관리가 못마땅한 눈으로 조영을 흘겨보았다.

"네놈은 항상 앞에 나서서 내 일을 방해하는구나!"

관리는 조영을 무시한 채 유민들에게 다시 채찍을 휘두르려 했다. 그 순간 조영이 관리의 손목을 잡아챘다.

"네 이놈! 죽고 싶은 게냐? 당장 놓지 못할까!"

당황한 관리의 얼굴이 벌겋게 달아올랐다.

"도대체 뭘 더 내놓으라고 이러는 것이오? 남아 있는 것은 오직 내 목숨뿐이오!"

조영의 두 눈이 이글거렸다. 조영이 잡고 있던 손목을 놓자 관리가 주춤거리며 뒤로 물러났다.

"네놈이 감, 감히……!"

관리의 목소리가 파르르 떨렸다. 조영의 주위로 유민들이 모여들었다. 유민들의 눈빛은 분노로 가득 차 있었다.

"너희 놈들 모두 가만두지 않을 것이다!"

관리가 겁에 질린 듯 꽁무니를 빼며 물러섰다. 당나라 병사들도 분위기가 심상치 않다는 것을 느끼고 슬금슬금 마을을 벗어났다.

조영은 주먹을 움켜쥐었다. 더 이상 당나라에 빼앗길 것이 없었다. 이대로 가만히 있다가는 유민들이 굶주림으로 쓰러질 것이 분명했다.

그날 밤, 조영은 어둠 속으로 말을 달려 걸사비우를 찾아갔다.

"영주성 창고에 쌓여 있는 곡식을 나누어 주지 않으면 굶어 죽는 사람이 생겨날 것입니다! 거란인도 우리와 같은 고통을 겪고 있으니 추장인 이진충과 함께 조문홰를 찾아가 담판을 지어야 합니다."

조영이 힘주어 말했다. 그런데 걸사비우가 고개를 가로저었다.

"좋지 않은 소식이 있다. 며칠 전 이진충이 조문홰를 만나 곡식을 요구한 모양이다."

조영은 두 눈을 크게 떴다.

"조문홰가 이진충의 요구를 단칼에 무시했다. 뿐만 아니라 사람들이 보는 앞에서 이진충에게 모욕을 주었다는 이야기가 거란인 사이에 퍼지고 있다."

걸사비우의 굵은 눈썹이 일그러졌다.

"거란의 분위기가 심상치 않다. 이진충은 절대 이 일을 그냥 넘길 사람이 아니다."

조영은 불길한 예감이 들었다. 문밖으로 거센 바람이 불고 있었다. 바람 소리에 날카로운 쇳소리가 섞여 있는 것만 같았다.

영주성을 지키고 있던 당나라 병사들이 놀란 눈으로 성 밖을 바라보았다. 마른 땅 위로 흙먼지가 뿌옇게 일더니 어디선가 말발굽 소리가 들렸다.

"저게 뭐지?"

병사들이 목을 빼고 두리번거렸다. 영주성을 향해 밀려오는 먼지구름이 서서히 걷히며 요란한 함성이 사방에서 들렸다. 칼과 창을 움켜쥔 병사들이 영주성을 향해 달려오고 있었다. 이진충이 이끄는 거란의 군사들이었다.

"거, 거란족이다!"

당나라 병사들이 비명을 질렀다.

"거란족이 반란을 일으켰다!"

영주성은 삽시간에 혼란에 빠졌다.

"조문홰를 잡아라! 결코 살려 두지 않으리라!"

거란군은 성난 파도처럼 영주성 안으로 밀어닥쳤다. 성이 불타오르고 주변 마을도 시뻘건 불길에 휩싸였다. 갑작스러운 공격에 놀란 당나라 병사들은 겁에 질려 달아나기 급급했다. 그때까지 자고 있던 조문홰가 놀라 도망치려 했지만 거란군의 칼날을 피할 수는 없었다.

"그동안 당나라는 거란을 무시하고 모욕했다. 이제 그 한을 풀고 거란의 힘을 보여 줄 것이다!"

분노한 거란군은 영주 땅을 모조리 휩쓸었다. 시커먼 연기가 하늘을 뒤덮고 말발굽 소리가 땅을 뒤흔들었다. 분노한 거란군을 막아설 당나라 병사는 어디에도 남아 있지 않았다.

"우리를 감시하던 당나라 병사들이 모두 사라졌어요!"

유민들이 다급히 조영을 찾아왔다.

"거란군을 돕겠다고 영주성으로 간 유민들도 있소! 우리도 함께 싸워야 하지 않겠소?"

모두가 목소리를 높였다.

"거란군의 기세가 무섭지만 측천무후가 대군을 보낸다면 어떻게 될지 알 수 없습니다."

조영은 유민들이 갑작스럽게 싸움에 휘말려 헛되이 죽는 것을 막고 싶었다.

"지금은 함부로 움직일 때가 아닙니다. 싸우고자 하는 의지는 잘 알지만 쉽게 휩쓸리면 안 됩니다!"

조영은 흔들리는 유민들을 다잡았다.

영주 땅은 그야말로 잿더미가 되고 있었다. 며칠이 지나도 거란군의 기세는 쉽사리 꺾이지 않았다. 오히려 수만 명으로 불어난 거란군이 영주 주변 지역까지 세력을 넓혀 갔다. 황제인 측천무후가 부랴부랴 십만이 넘는 대군을 보냈지만 거란군을 꺾지 못했다.

"당나라와 거란의 움직임을 계속 살펴야겠구나!"

조영은 소용돌이치던 영주 땅이 어느덧 잠잠해졌다는 것을 알아차렸다. 영주에서 당나라군과 거란군이 보이지 않았다. 서로 싸우다가 영주 땅에서 벗어난 것이다.

"아버님, 영주 땅이 텅 비었습니다. 지금이 기회입니다."

"그렇구나! 당장 걸사비우를 만나 알려야겠다."

조영은 아버지와 쉬지 않고 말을 달렸다. 언덕 너머로 북쪽 돌산이 보였다. 서쪽으로 내달리면 말갈인 거주지였다.

언덕을 오르자 뜻밖에도 걸사비우가 말을 달려 오고 있었다. 걸사비우도 기회가 찾아왔다는 것을 알고 조영에게 오는 길이었다.

언덕 위에서 만난 세 사람은 말을 멈추었다.

"마음이 통했구려!"

걸사비우가 호탕하게 웃었다.

"네, 드디어 기다리던 때가 왔습니다. 이제 영주를 벗어날 수 있습니다!"

조영이 힘차게 말했다.

"그렇구나! 당나라군은 거란군과 싸우느라 우리를 어찌하지 못할 게다."

"함께 요하를 건너 고구려가 있던 땅으로 갈 것입니다. 반드시 고구려를 다시 일으켜 세울 것입니다!"

세 사람은 서로의 손을 굳게 맞잡았다. 조영은 가슴이 터질 것만 같았다. 오지 않을 것 같던 날이 마침내 찾아온 것이다. 나라를 잃고 영주에 끌려와 비참하게 살아야 했던 고구려 유민과 말갈인이 모두 함께 돌아가는 것이다.

조영은 오래전 먼지구름이 피어오르던 동쪽 벌판을 바라보았다. 고구려 유민이 끌려온 메마른 벌판이었다. 보장왕이 부흥 운동에 실패하고 말갈인과 유민들이 또다시 끌려온 벌판이기도 했다. 바람은 없었다. 흙먼지도 일지 않았다. 한없이 넓은 벌판이 손에 잡힐 듯 눈앞에 펼쳐져 있었다.

요동을 향해

유민들의 행렬이 끝없이 이어졌다. 수레와 짐을 실은 마차도 헤아릴 수 없었다. 수많은 고구려인과 말갈인이 언덕을 넘어 벌판으로 모여들었다.

"정말 고구려로 돌아갈 수 있다니!"

"살아서 이런 날이 올 줄은 꿈에도 몰랐네!"

유민들은 고구려 땅으로 돌아간다는 사실이 믿기지 않는 얼굴이었다. 기쁨을 감추지 못해 눈물을 흘리는 사람도 많았다.

조영은 언덕 위에서 모여드는 사람들을 살폈다.

"태백산(지금의 백두산)까지 가는 동안 무슨 일이 닥칠지 알 수 없구나. 병사들이 유민들을 지킬 수 있겠느냐?"

걸걸중상이 조영에게 다가왔다.

"아버님, 우리 병사들의 수는 적지만 고구려 땅으로 돌아가고자 하는 강한 의지로 못할 것이 없습니다!"

조영은 앞서가는 병사들을 바라보았다. 군사 훈련도 충분히 받지 못했고 무기와 말도 부족한 병사들이었다. 그러나 지켜야 할 유민들이 있었다.

"아직도 유민들의 행렬이 이어지고 있소."

걸사비우가 말갈의 기마 병사들과 함께 언덕 위로 힘차게 달려왔다.

"유민들의 수가 많아 언제 고구려 땅에 닿을지 알 수 없으니 큰일이오!"

걸사비우가 굵은 눈썹을 꿈틀거리며 걱정스럽게 말했다.

"먼 길입니다. 식량도 부족하고 언제 당나라군의 공격을 받을지 모릅니다."

조영이 걸사비우에게 말했다.

"맞다, 거란이 요동에 있는 당나라군을 물리쳤다고 하지만 남은 병사들과 마주칠 수도 있다."

걸사비우가 고개를 끄덕였다.

"서둘러 요하를 건너야 합니다. 강을 앞에 두고 당나라의 공격을 받는다면 싸우기 힘들 것입니다."

조영은 목소리에 힘을 주었다.

"옳은 말이다. 힘이 들더라도 행군을 서둘러야겠구나!"

"기마 병사들과 함께 뒤처지는 유민들을 살펴 주세요. 제가 행렬의 앞을 맡겠습니다!"

조영이 말고삐를 힘껏 쥐며 말했다. 걸사비우가 힘차게 말을 달려 언덕을 내려갔다.

조영은 가슴 깊이 숨을 들이마셨다. 유민들이 만들어 낸 먼지구름이 동쪽 벌판을 가득 뒤덮고 있었다.

요동으로 향하던 유민들의 행렬을 푸른 물줄기가 가로막았다. 요하였다.

"물이 깊어 건널 수가 없구나."

걸걸중상이 강물을 살피며 고개를 저었다. 가뭄으로 물이 줄었다고 하지만 마음 놓고 건널 수 있는 깊이가 아니었다.

"아버님, 강을 따라 내려가면 건널 만한 곳이 있을 것입니다."

조영은 기마 병사들을 강 아래쪽으로 보내 살펴보게 했다. 유민들은 쉬지 않고 강을 따라 이동했다. 강을 따라갈수록 갈대밭이 드넓게 펼쳐졌다. 강을 건널 만한 곳은 보이지 않았다. 건널 곳을 살펴보러 간 기마 병사들도 돌아오지 않았다. 어느새 밀려온 어둠이 강물을 검게 물들였다.

조영은 행군을 멈추어야 했다.

"요동 땅을 앞에 두고 강을 건너지 못하다니!"

걸사비우가 안타깝다는 듯 혀를 찼다. 유민들도 강물을 바라보며 깊은 한숨을 내쉬었다.

영주를 벗어나 요하까지 걸어온 유민들은 몹시 지쳐 있었다. 조영은 뜬눈으로 밤을 지새웠다. 갈대밭 위로 새벽안개가 피어오르고 있었다.

"잠을 이루지 못하였구나."

걸걸중상이 조영에게 다가왔다.

"유민들을 무사히 이끄는 것은 분명 어려운 일이다. 하지만 피할 수 없는 일이며 피해서도 안 된다."

걸걸중상의 눈에 근심이 어려 있었다. 조영은 어깨를 펴고 아버지와 마주 보았다.

"아버님, 저는 결코 피하거나 포기하지 않습니다. 다시는 당나라가 고구려 유민을 짓밟지 못하게 할 것입니다. 반드시 유민들을 무사히 이끌고 고구려 땅으로 돌아갈 것입니다!"

조영은 가슴 깊이 다짐했다. 갈대밭에 쓰러지듯 잠든 유민들의 얼굴 하나하나가 또렷하게 떠올랐다. 무슨 일이 있어도 목숨을 걸고 지켜야 했다.

멀리서 말발굽 소리가 들렸다. 강을 살피러 떠난 병사들이 돌아오고 있었다.

"강을 건널 수 있는 곳을 찾았습니다!"

앞서 달려온 병사가 말에서 내리며 외쳤다.

"강폭이 넓지만 물이 깊지 않고 물살도 세지 않은 곳이 있습니다!"

조영은 떠날 준비를 서둘렀다.

"좋다, 지금 바로 요하를 건너러 가자!"

병사들이 조영의 말을 유민들에게 전했다. 잠들었던 유민들이 부스스 깨어났다.

유민들은 강을 따라 계속 내려갔다. 반나절을 더 가서야 병사들이 말한 곳에 이르렀다.

"이곳이 가장 좋은 장소인가?"

생각보다 물살이 세찼다. 조영은 노인과 아이들이 강을 건널 수 있을지 확신할 수 없었다.

"조금 더 가면 물살이 잔잔한 곳이 있지만 사방이 온통 늪이어서 한 번 빠지면 빠져나올 수 없습니다."

병사의 얼굴이 어두웠다.

"유민들이 모두 건널 수 있겠느냐?"

걸걸중상이 걱정스러운 얼굴로 조영에게 물었다.

"강 양쪽 나무에 밧줄을 묶어 연결하면 그 줄을 잡고 건널 수 있을 것입니다."

조영이 강물을 바라보다 강을 건널 방법을 생각해 냈다. 더 이상 강 앞에서 머뭇거릴 시간이 없었다. 어떻게든 강을 건너 동쪽으로 가야 했다.

"이제 요하를 건너 요동 땅으로 들어갈 것입니다!"

조영은 유민들을 향해 힘차게 소리쳤다.

기마 병사들이 먼저 거침없이 강물로 뛰어들었다. 강물 위로 물보라가 일었다. 건너편으로 건너간 병사들이 밧줄을 나무에 팽팽

하게 묶었다. 유민들이 밧줄을 잡고 가슴까지 차오르는 강물을 가로질러 건넜다. 병사들은 아이를 부둥켜안고 노인을 부축하며 물살을 갈랐다. 강을 건너는 유민들은 또 하나의 거대한 강물 같았다. 세찬 물살을 가르며 요서에서 요동을 향해 도도하게 흘러가는 거대한 물줄기였다.

산자락을 돌아 다시 먼 길

요동 벌판이 드넓게 펼쳐졌다. 요하를 건넜지만 조영은 행군을 멈추지 않았다. 당나라군이 언제 뒤쫓아 올지 몰랐다. 북쪽에서 불어오는 바람까지 차갑고 싸늘했다. 어느새 계절이 바뀌고 있었다.

며칠이 더 흐르자 요동 벌판의 끝이 보였다. 그런데 높은 산이 또다시 앞을 가로막았다. 거대한 산맥이 북쪽으로 뻗어 있었다.

"저 산을 넘어가면 드디어 고구려 땅이구나!"

걸사비우가 산줄기를 바라보며 외쳤다.

"산을 넘는다 해도 또다시 먼 길을 가야 합니다. 결코 마음을 놓아서는 안 됩니다."

조영이 걱정하며 말했다.

"그래도 이곳까지 무사히 이르다니 믿기지 않는구나!"

"추위가 닥치기 전에 태백산이 있는 곳까지 가야 합니다. 식량이 다 떨어져 갑니다."

조영은 걱정스러웠다. 병사들이 산짐승을 사냥하고 물고기를 잡아 겨우겨우 끼니를 이어 가고 있었다. 남은 곡식을 모아 만든 주먹밥도 바닥이 났다.

산길을 돌아 행군이 계속되었다. 밤이면 숲에서 잠을 자고 해가 뜨면 움직였다. 가는 곳마다 잿더미로 변해 버린 마을뿐이었다. 고구려가 멸망한 지 수십 년이 지났지만 아직 그 흔적이 남아 있었다. 불에 타 버려진 마을을 지날 때마다 조영의 가슴이 아렸다. 유민들도 깊은 한숨을 내쉬었다.

여러 날이 지난 어느 날 길을 살피러 갔던 병사가 다급히 돌아왔다.

"앞에 마을이 있습니다! 그런데 마을 사람은 단 한 명도 보이지 않습니다."

병사는 잔뜩 긴장한 얼굴이었다.

"위험할지 모르니 우리가 먼저 살펴보는 것이 좋겠다."

조영은 행군을 잠시 멈추고 병사들을 따라 마을로 향했다.

산기슭을 돌자 마을이 보였다. 그때 마을을 살피던 병사들이 조영에게 달려왔다.

"집집마다 곡식이 가득 쌓여 있습니다!"

한 병사가 놀라며 말했다.

"그런데 사람 그림자도 보이지 않습니다. 당나라군이 마을 사람들을 모조리 끌고 간 것이 아닐까요?"

"당나라군이 왔다면 곡식이 남아 있을 리 없다. 사람들의 흔적이 있을 테니 다시 살펴라."

조영의 명령에 병사들이 마을 곳곳으로 흩어졌다.

"누군가 있습니다!"

어디선가 병사의 외침이 들렸다. 조영은 소리가 들리는 쪽으로 고개를 돌렸다.

백발의 노인이 걸어오고 있었다. 노인은 병사들을 보고도 놀라거나 겁먹은 표정이 아니었다.

"이 마을에 사십니까?"

조영은 노인에게 다가갔다. 노인이 병사들을 둘러보다가 조영을 유심히 쳐다보았다.

"그대들은 어디서 온 뉘시오? 이 마을에는 무슨 일로 오셨소?"

차분하지만 힘이 있는 목소리였다.

"우리는 영주에서 고구려 땅으로 돌아가려는 고구려 유민입니다."

"영…… 주라…….."

노인이 무척이나 놀란 목소리로 말했다.

"영주라면 많은 유민들이 당나라군에게 끌려간 곳이 아니오?"

"맞습니다. 거란이 군사를 일으켜 혼란스러운 틈에 탈출할 수 있었습니다. 하지만 언제 당나라군이 추격해 올지 모릅니다."

"당나라군이 거란군에게 무너졌다는 소문이 거짓이 아니오?"

노인이 두 눈을 크게 떴다.

"네, 사실입니다. 그런데 어르신은……."

"나는 이 마을의 촌장이오. 여기에도 고구려 유민들이 살고 있다오. 다들 당나라군이 온 줄 알고 놀라서 산속에 숨어 있소."

"그렇군요. 우리는 고구려를 다시 일으켜 세우려고 돌아왔습니다."

조영이 목소리에 힘을 담아 말했다.

"고구려를 다시 일으킬 수 있다니……."

촌장은 눈시울이 붉어지더니 말을 잇지 못했다. 조영은 촌장을 따뜻하게 바라보았다.

"유민들이 무척 지쳐 있습니다. 식량이 떨어져 굶은 지도 오래입니다. 좀 도와주실 수 있겠습니까?"

조영은 촌장에게 부탁했다. 그제야 정신을 차린 촌장이 활짝 웃었다.

"마침 곳간마다 곡식이 가득하오. 늘 당나라군에게 빼앗겼는데 유민들을 도울 수 있다니 기쁘기 그지없소!"

촌장이 밝은 목소리로 대답했다.

이윽고 산속에 숨어 있던 마을 사람들이 놀란 얼굴로 내려왔다. 유민들은 마을로 들어서자 고구려 땅의 백성을 만났다는 기쁨에 눈물을 흘렸다.

마을 곳곳에서 음식 냄새가 솔솔 퍼졌다. 유민들이 영주를 떠나온 지 수개월 만에 먹는 따뜻한 음식이었다. 비로소 고구려 땅으로 돌아왔다는 기쁨에 유민들의 웃음소리가 끊이지 않았다.

그러나 조영은 당나라 때문에 마음을 놓지 못했다. 당나라가 영주를 탈출한 유민들을 가만둘 리 없었다. 다가오는 매서운 겨울처럼 당나라의 날카로운 칼날을 피할 수 없다는 것을 조영은 잘 알고 있었다.

모여드는 유민들

밤새 타들던 횃불이 시들었다. 해가 떠오르고 있었다. 유민들은 다시 떠날 준비를 서둘렀다. 조영이 유민들을 이끌고 마을을 나서려고 할 때 촌장과 마을 사람들이 찾아왔다.

"우리도 여러분을 따라가기로 결심했소. 부디 함께 갈 수 있도록 허락해 주시오!"

"살던 마을을 버리고 우리와 함께 떠나겠다는 것입니까?"

조영이 놀라 촌장에게 물었다.

"고구려가 망한 뒤에 우리도 당나라군과 맞서 싸웠소이다. 다들 나라를 다시 찾겠다는 마음뿐이었소. 나라 잃은 백성에게 중요한 것이 무엇이겠소?"

촌장이 굳건한 표정으로 말했다.

"멀고 위험한 길입니다. 병사도 식량도 부족합니다."

"각오하고 있소. 어차피 마을에 남아도 당나라군의 공격을 받게 될 것이오."

촌장이 말했다. 뒤이어 마을 사람들이 저마다 외쳤다.

"우리도 당나라 놈들과 싸우겠습니다!"

"고구려를 다시 세울 수 있다면 죽는다 해도 두렵지 않소!"

모두 떠나기로 굳게 결심한 눈빛이었다. 조영은 그 뜻을 꺾을 수 없었다.

"옳은 말씀입니다. 모두 함께 떠납시다."

마을 사람들이 함성을 질렀다. 유민들도 함께 기뻐했다.

행렬이 다시 움직였다. 마을을 벗어나자 좁은 산길이 위태롭게 이어졌다. 산길을 겨우 내려오니 이번에는 잡풀이 수북한 들길이 뻗어 있었다.

"마을 사람의 수가 수백이 넘는구나. 갈수록 사람들이 늘어나니 걷는 속도가 더욱 느려질 것이다."

걸사비우가 걱정스러운 얼굴로 조영에게 말했다.

"함께 가지 않는다면 마을 사람들도 당나라군에게 화를 당할 것입니다. 저들 또한 우리가 지켜야 할 고구려의 백성입니다."

조영은 차분하게 대답했다.

들길을 벗어나 동쪽으로 향하는 동안 어디선가 소문을 듣고 고구려 유민들이 하나둘 모여들기 시작했다. 당나라군을 피해 산속에 숨어 살거나 살 곳을 잃고 떠돌던 유민이었다. 그 수가 점점 눈덩이처럼 불어나고 있었다.

"걸음이 자꾸 느려지는데 날씨까지 추워지고 있소. 이렇게 가다가 눈보라라도 만나면 큰일이 아니오?"

걸사비우가 안타까운 목소리로 걸걸중상에게 말했다.

찬 바람이 점점 더 강해지고 있었다. 밤새 서리가 하얗게 내리더니 눈발이 날리기 시작했다.

"조영아, 이대로 계속 이동할 수 있겠느냐?"

걸걸중상이 조영에게 물었다.

"힘들 것 같습니다. 겨울을 날 장소를 찾아봐야겠습니다."

조영은 안타깝지만 행군을 잠시 멈추기로 결정했다. 당나라군만큼 두려운 것이 혹독한 겨울 추위였다.

"우리가 지나친 곳에 버려진 성이 있던데 그곳이라면 겨울을 날 만하지 않겠느냐?"

걸사비우가 조영을 바라보며 말했다.

"그곳은 평지에 있어서 위험합니다."

조영은 고개를 가로저었다.

"그게 무슨 뜻이냐?"

"당나라군의 공격을 받아 포위되면 도망칠 곳이 없습니다."

걸사비우의 두 눈이 커졌다.

"이 근방은 산세가 험하고 골짜기가 깊으니 요새를 만들기 좋은 조건입니다. 성벽이 뚫린다 해도 유민들이 산과 계곡으로 도망쳐 숨을 수 있으니 당나라 기마병이 쉽게 쫓을 수 없습니다."

"과연 일리 있는 말이구나!"

걸사비우가 무릎을 치며 크게 고개를 끄덕였다.

조영은 행군을 멈추고 당나라가 접근하기 어려운 곳에 요새를 만들기 시작했다. 유민들은 함께 힘을 모아 나무를 베고 바위와 돌을 옮겨 와 튼튼한 성벽을 만들었다.

"당나라 놈들의 채찍도 견디며 일했습니다. 이제는 우리를 지키기 위해 하는 일이 아닙니까!"

"조금도 힘들지 않습니다. 당나라 놈들이 한 발짝도 들어오지 못할 겁니다."

힘들고 고된 일이지만 유민들은 모두가 한마음이 되어 요새를 만들었다. 추운 겨울을 보내고 당나라군의 공격을 막아 낼 곳이었다.

차가운 바람 속에서 함박눈이 흩날리기 시작했다. 쏟아지는 눈은 멈출 줄 몰랐다. 온 산을 뒤덮듯 매서운 겨울이 몰려왔다.

마침내 산자락을 뒤덮은 눈이 녹고 따스한 바람이 불어왔다. 긴 겨울이 물러가고 산과 들판에 푸른 잎이 돋아났다. 봄 햇살도 점점 따뜻해지고 있었다.

조영은 걸걸중상과 걸사비우와 함께 요새를 나와 들길로 말을 달렸다. 들판에서 유민들이 땅을 갈고 씨를 뿌리며 땀을 흘리고 있었다. 아이들의 웃음소리도 들렸다. 언제 다가올지 모르는 당나라의 위협만 없다면 한없이 아늑하고 단란한 풍경이었다.

"유민들이 계속 모여들고 있습니다."

조영이 들판을 바라보며 말했다.

요새를 만들고 머무른 지 얼마 되지 않아 영주에서 탈출한 유민들이 요동에 터를 잡았다는 이야기가 금세 퍼져 나갔다. 소식을 듣고 멀리서 찾아오는 유민들이 끊이지 않았다. 영주를 떠날 때보다 사람들의 수가 훨씬 불어났다.

"이러다가 이곳에서 꼼짝없이 발이 묶이는 게 아니냐?"

걸사비우가 한숨을 내쉬었다.

조영은 겨울이 지나면 태백산으로 떠날 생각이었다. 하지만 수많은 사람들을 먹일 식량이 준비되지 않았다. 기나긴 행군에 지친 유민들도 튼튼하게 쌓은 요새를 선뜻 떠나고 싶어 하지 않았다.

"떠나야 합니다. 이곳은 안심하고 살아갈 수 있는 땅이 아닙니다."

"그것을 어찌 모르겠느냐. 하지만 밀려드는 유민들 때문에 이동하기 점점 어려워지겠구나."

찾아오는 유민들을 사정이 어렵다고 돌려보낼 수는 없었다. 좁은 땅에 계속 머물 수도 없었다. 영주의 유민뿐 아니라 흩어져 있는 고구려 백성들이 다시 모여 살려면 더 넓고 안전한 땅이 필요했다.

"아버님, 태백산보다 동모산으로 가는 것이 좋을 듯합니다."

조영이 걸걸중상에게 말했다. 걸걸중상은 생각에 잠겼다.

"동모산이라니, 왜 그곳이 좋다는 것이냐?"

걸사비우가 의아한 표정을 지으며 끼어들었다.

"태백산 지역은 산세가 험해 당나라의 공격을 잘 막아 낼 수 있습니다. 하지만 유민들의 이야기를 들어 보니 그곳은 사람이 살기 힘든 땅이 되었다고 합니다."

고구려가 무너진 후 곳곳에 흩어져 살다가 모여든 유민들은 고구려 땅의 이야기를 전했다.

"동모산 부근은 전쟁의 흔적이 거의 없습니다. 주위에 큰 산맥이 있어 당나라의 대군이 오기 어려울 뿐 아니라 깨끗한 강물과 비옥한 토지가 있습니다."

"네 말이 옳구나."

묵묵히 듣고 있던 걸걸중상이 말했다.

"듣고 보니 그렇소! 다시 나라를 일으키기에 더없이 좋은 곳인 듯하오!"

걸사비우가 껄껄 웃으며 말했다. 그러나 조영의 얼굴은 밝지 않았다.

잠이 들면 꿈속에서 요동으로 밀려오는 당나라군이 보였다. 당나라가 유민들을 그냥 둘 리 없었다. 산속에서 들리는 평화로운 새소리마저 조영의 마음을 불안하게 만들었다.

다가오는 위험

　말 한 필이 거친 산길을 급하게 내달렸다. 말고삐를 움켜쥔 병사는 무척 당황한 표정이었다. 들판에서 일하던 유민들은 갑자기 나타난 병사의 모습에 놀라 허리를 폈다.
　요새 안으로 들어온 병사가 조영에게 달려갔다.
　"당나라 사신이 만남을 요구하고 있습니다!"
　병사가 가쁜 숨을 몰아쉬었다.
　"사신이 이곳까지 온 것을 보니 당나라군이 영주 땅에서 거란군을 몰아낸 것 같습니다!"
　조영은 가슴이 철렁했다.
　"만약 그렇다면 당나라군이 당장 우리를 공격했을 것이 아니냐?"

걸사비우가 이해할 수 없다는 듯 눈썹을 꿈틀거리며 말했다.

"우리를 바로 공격하지 않고 사신을 보냈다면 이유가 있을 것입니다. 사신을 만나야 합니다."

"하지만 우리는 아직 저들의 속셈을 모르지 않느냐?"

조영의 말에 걸사비우는 쉽게 동의하지 못했다.

"당나라의 속셈을 알아내기 위해서라도 사신을 만나는 것이 좋겠다. 저들이 이곳 상황을 살피러 왔을지 모르니 요새 밖에서 만나는 것이 좋겠구나."

걸걸중상이 굳은 얼굴로 말했다.

"흠, 만일을 대비해 병사들을 준비시켜 놓겠소!"

걸사비우가 서둘러 밖으로 나갔다.

"우리의 앞날이 바람 앞의 등불 같구나."

조영은 아버지를 바라보았다. 당나라의 공격은 영주를 탈출할 때부터 각오한 일이었다. 두려움은 없었지만 불길한 마음이 가시지 않았다. 아버지의 얼굴에서 어두운 그림자를 본 것만 같아 조영의 마음이 파르르 떨렸다.

조영은 천막으로 들어서며 당나라 사신과 관리들을 살폈다. 천막 안의 분위기는 살얼음판처럼 아슬아슬했다.

관복을 입은 당나라 사신이 거만한 표정으로 뻣뻣하게 고개를 들었다.

"영주에서 달아나 운 좋게 요동까지 왔소이다. 요새를 짓고 헛된 꿈을 꾸고 있다는 소문은 익히 들었소이다."

사신이 거드름을 피우며 비꼬는 말투로 말했다.

"말을 삼가시오! 사신으로 왔다면 말이나 전하면 될 것이오!"

걸사비우가 화가 나 쏘아붙였다.

"좋소! 나 역시 쓸데없이 시간을 낭비하고 싶지 않소이다."

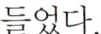

사신이 콧방귀를 뀌더니 옆에 서 있는 관리에게 턱짓을 했다. 그러자 관리가 들고 있던 문서를 사신에게 건넸다.
"그대들이 유민을 끌어모아 요동 땅을 차지하고 있음에도 황제께서 너그러운 마음으로 아량을 베풀어 벼슬을 내리겠다 하셨소. 이곳을 다스리도록 허락해 주셨으니 이 얼마나 영광스러운 일이오."
사신이 문서를 내밀었다. 그러나 조영과 걸걸중상은 문서를 받지 않았다.

성격이 급한 걸사비우가 사신에게서 빼앗듯 문서를 낚아챘다. 부리부리한 눈으로 문서를 읽던 걸사비우의 얼굴이 붉으락푸르락했다.

"참으로 가소롭구나!"

걸사비우가 말하며 문서를 갈기갈기 찢었다. 놀란 사신이 당황한 눈으로 걸사비우를 빤히 쳐다보며 말했다.

"반란을 일으킨 거란이 우리 군과 돌궐의 합동 공격에 겨우 목숨만 건졌다는 것을 알아 두시오. 그대들도 거란처럼 되고 싶은 것이오? 감히 황제의 문서를 찢다니!"

사신의 손이 부르르 떨렸다.

"돌아가 측천무후에게 똑똑히 전하시오!"

그때까지 묵묵히 있던 조영이 나섰다.

"고구려 유민과 말갈인은 고구려를 다시 일으키기 위해 요동으로 돌아온 것이오!"

"뭐, 뭐라!"

"당나라가 군대를 보낸다 해도 우리의 의지를 꺾지 못할 것이오!"

조영이 굳은 결심이 가득 담긴 목소리로 말했다.

"영주를 탈출했다고 멸망한 고구려를 다시 세울 수 있으리라 생각하는가! 곧 당나라의 대군이 너희 모두를 남김없이 쓸어버릴 것이다!"

사신의 목소리가 카랑카랑하게 울려 퍼졌다. 말을 마친 사신은 바로 천막을 나갔다.

"이제 당나라군이 들이닥칠 것입니다."

조영이 침착한 얼굴로 아버지와 걸사비우를 바라보며 말했다.

"영주를 떠날 때부터 각오한 일이다. 유민들의 마음도 같을 것이다."

걸걸중상이 담담한 목소리로 말했다. 걸사비우는 주먹으로 가슴을 세게 치며 말했다.

"말갈인 또한 각오가 되어 있다! 단지 돌궐이 당나라에 붙어 거란을 무너뜨렸다는 게 마음에 걸리는구나."

"돌궐은 오래전부터 당나라 땅에서 약탈을 일삼았습니다. 거란의 힘이 커지는 게 두려워 잠시 당나라와 손을 잡았겠지만 돌궐은 우리보다 영주 땅을 차지하는 것에 관심이 많을 것입니다."

조영이 걸사비우에게 말했다.

"돌궐이 없어도 당나라 대군이 몰려오면 힘든 싸움이 될 게다. 일단 요새를 떠나 멀리 가는 것이 좋지 않겠느냐?"

걸사비우가 굳은 얼굴로 조영에게 말했다.

"가장 두려운 것은 당나라의 기마병입니다. 지금 요새를 버리고 떠난다 해도 금방 따라잡힐 것입니다. 이곳은 산세가 험하니 기마

병이 쉽게 접근할 수 없습니다. 요새를 지키며 저들을 지치게 하면 우리에게도 기회가 있을 것입니다."

조영은 영주를 떠나기로 한 날 아버지와 함께 바라본 동쪽 벌판을 떠올렸다. 끝없이 펼쳐진 벌판 너머에 새로운 꿈이 있었다. 고구려 땅으로 돌아가 유민들과 함께 고구려를 다시 일으키겠다는 꿈이었다. 그 꿈을 당나라가 짓밟게 할 수는 없었다. 고구려를 다시 세우는 것은 아버지와 걸사비우, 조영 자신만의 꿈이 아니었다. 수십 년을 떠돌고 있는 모든 고구려 유민의 꿈이었다.

죽음을 각오한 싸움

"둥둥둥!"

북소리가 울려 퍼졌다. 이해고가 이끄는 당나라 대군이 유민들이 있는 요새를 향해 거센 파도처럼 밀어닥쳤다.

"두려워하지 마라! 우리는 수나라를 물리치고 당나라를 떨게 한 고구려인이다!"

조영이 병사들을 향해 외쳤다. 잔뜩 굳어 있던 병사들이 함성을 내질렀다.

"성벽을 넘어라! 고구려를 다시 세우게 해서는 안 된다! 고구려 놈들을 모조리 쓸어버려라!"

밀려드는 당나라군은 단숨에 성벽을 무너뜨릴 기세였다.

"화살을 쏘아라! 한 놈도 성벽에 다가서지 못하게 하라!"

유민들이 쏘는 화살에 당나라 병사들이 쓰러졌다. 그러나 밀려오는 당나라군의 수는 헤아릴 수 없이 많았다. 당나라군이 쏜 화살에 고구려군의 피해도 만만치 않았다. 병사들과 함께 싸우던 유민들이 힘없이 쓰러졌다.

"아버님, 적의 수가 너무 많습니다. 제가 은밀히 병사들을 이끌고 당나라군의 옆을 치겠습니다!"

조영이 칼을 움켜쥐고 일어섰다. 싸움이 계속되자 당나라군을 막아 내는 것이 힘에 부쳤다.

"네가 할 일은 유민과 요새를 굳건히 지키는 것이다. 내가 병사들을 이끌겠다!"

걸걸중상이 조영을 막아섰다.

"안 됩니다, 너무 위험합니다!"

걸걸중상이 조영의 어깨에 손을 얹으며 엷은 미소를 지었다. 조영은 아버지의 미소가 불길하게 느껴졌다.

"양쪽에서 불시에 공격하면 당나라군을 혼란에 빠뜨릴 수 있소! 나도 말갈군을 이끌고 나가겠소!"

조영이 미처 막아서기도 전에 걸사비우가 말에 오르며 말했다. 다급한 상황이었다. 성문 앞에서 당나라 병사들의 함성이 무섭게 들렸다.

"반드시 유민들을 지켜야 한다!"

걸걸중상과 걸사비우가 각각 병사를 이끌고 요새 뒷문으로 빠져나갔다. 조영은 다시 성루로 뛰어올랐다. 싸움은 더욱 치열해졌다. 병사들의 함성과 신음 소리, 북소리가 뒤섞여 혼란스러웠다.

어느새 해가 기울고 있었다. 땅거미가 산자락을 뒤덮을 무렵 당나라군이 예상하지 못한 공격을 받았다.

"고구려군의 기습이다!"

걸걸중상이 이끄는 병사들이 오른쪽 산자락에서 나와 당나라군의 허리를 치고 들어갔다. 뒤이어 걸사비우가 이끄는 말갈군도 왼쪽 산자락에서 나와 무서운 기세로 당나라군을 공격했다.

"고구려군과 말갈군은 오합지졸에 불과하다. 겁먹지 말고 막아 내라!"

기습을 당했지만 잘 훈련된 당나라군은 쉽게 무너지지 않았다. 죽기를 각오하고 싸우던 고구려군과 말갈군은 차츰 뒤로 밀렸다.

"한 놈도 놓치지 마라!"

싸움은 치열하게 계속되다가 고구려군과 말갈군이 산자락으로 물러나면서 끝이 났다. 어둠 속으로 북소리가 길게 울려 퍼졌다. 공격하던 당나라 병사들도 싸움을 멈추고 뒤로 물러났다.

살아서 요새로 돌아온 고구려군과 말갈군은 채 절반도 되지 않았다. 부상당한 병사들도 많았다. 조영이 다친 병사들을 살피고 있을 때 얼굴이 하얗게 질린 병사가 허겁지겁 달려왔다.

"걸걸중상 장군께서 큰 부상을 당하셨습니다!"

조영은 눈앞이 아찔했다. 가슴이 덜컥 내려앉았다. 병사와 함께 아버지에게 달려갔다. 아버지가 가쁜 숨을 몰아쉬고 있었다.

"조영아……."

걸걸중상이 조영을 향해 손을 뻗었다. 조영은 아버지의 손을 힘껏 쥐었다.

"네게 큰 짐을 맡겨야겠구나……."

"아버님!"

"결코 물러서면 안 된다. 포기해서도 안 된다. 유민들이 다시 당나라의 노예로 살게 해서는 안 된다. 고구려를 잇는 나라를 세우거라…… 반드시……."

걸걸중상은 말을 잇지 못한 채 끝내 숨을 거두었다. 조영은 차갑게 식은 아버지의 손을 굳게 잡았다.

"아버님의 뜻을 가슴 깊이 새기겠습니다. 기필코 당나라군을 꺾고 유민들과 함께 고구려를 잇는 나라를 세우겠습니다!"

뜨거운 눈물이 조영의 뺨을 타고 흘러내렸다. 걸걸중상의 죽음은 고구려 유민에게 커다란 슬픔이었다.

뒤늦게 이 사실을 안 걸사비우가 가슴을 쳤다. 하지만 조영은 아버지를 잃은 슬픔에 마냥 빠져 있을 수만은 없었다.

"횃불이다! 당나라군이 다시 몰려온다!"

성루에서 북소리가 울렸다. 칠흑처럼 어두운 밤이었다. 횃불을 밝힌 당나라군이 시커멓게 몰려오고 있었다.

"고구려 놈들을 모조리 불태워 버려라!"

불화살이 요새 안으로 쏟아졌다. 집이 불타고 유민들이 쓰러졌다. 전투는 갈수록 치열해졌다.

새벽녘에 물러갔던 당나라군이 해가 떠오르자 또다시 성벽을 공격했다. 죽기를 각오한 병사와 유민들이 막았지만 쉽게 물러날 기세가 아니었다.

"이해고는 우리를 지치게 만들 생각입니다. 화살도 바닥나고 부상당한 병사들도 많습니다. 이대로 계속 싸우는 것은 너무 위험합니다!"

조영의 눈빛이 이글거렸다. 이해고는 수많은 병사들을 앞세워 쉬지 않고 공격했다. 언제 요새가 무너질지 알 수 없었다.

"무슨 수가 있느냐?"

걸사비우가 굳은 얼굴로 물었다.

"어둠을 틈타 유민들을 요새 밖으로 빠져나가게 해야 합니다."

"이곳을 버리고 어디로 간단 말이냐?"

"당나라 기마병이 쫓아오지 못하도록 산줄기를 타고 천문령을 넘어야 합니다."

"천문령이라면 산세가 험하고 길도 좁아 사람들이 지나기 꺼리는 곳이다. 이 많은 유민들을 이끌고 그곳을 무사히 지날 수 있겠느냐?"

걸사비우의 두 눈이 휘둥그레졌다.

"해내야 합니다. 그리로 가서 동모산까지 가야 합니다."

"유민들이 요새를 빠져나간다면 이해고가 눈치챌 것이다. 혹여 빠져나간다 해도 이런 상황에 유민들을 지키며 이동하는 것은 무모하다."

"알고 있습니다. 그래도 방법은 그것뿐입니다. 이곳은 얼마 버티지 못할 것입니다."

걸사비우는 대답이 없었다. 눈썹조차 꿈쩍하지 않았다. 깊은 근심에 잠긴 얼굴이었다.

"내가 이곳에 남아 당나라군을 막겠다. 그 틈에 너는 유민들을 동모산까지 이끌거라."

걸사비우가 결심한 듯 고개를 끄덕이며 말했다.

"그럴 수는 없습니다! 모두 함께 빠져나가야 합니다."

조영이 놀라 대답하자 걸사비우가 호탕하게 웃으며 고개를 내저었다.

"나는 영주를 벗어나 고구려 땅까지 온 것만으로도 기쁘기 그지없다. 네가 없었다면 여기까지 올 수 없었을 것이다. 내가 동모산에 가지 못한다 해도 말갈인들을 잘 부탁한다."

걸사비우는 조영의 대답을 기다리지 않고 단호한 모습으로 일어섰다. 죽음을 각오한 눈빛이었다. 조영은 그 결심이 흔들리지 않으리라는 것을 알았다.

"생사를 함께한 말갈인은 피를 나눈 형제와 같습니다. 반드시 끝까지 함께할 것입니다!"

조영은 걸사비우와 두 손을 꽉 맞잡았다. 가슴이 무너질 것 같았다. 그러나 절대 약한 모습을 보일 수 없었다. 조영이 해야 할 일은 고구려 유민과 말갈인을 무사히 이끄는 것이었다.

걸사비우와 함께 요새에 남기로 한 말갈인과 유민들의 표정은 비장했다. 남는 사람들과 떠나야 하는 사람들은 눈물을 흘리며 서로를 부둥켜안았다. 어쩌면 그것이 마지막 인사일지 몰랐다.

"요새에 남는 사람들의 뜻을 잊어서는 안 된다. 너희들도 이제 자랑스러운 고구려의 병사다. 유민을 보살피며 앞장서야 한다. 알겠느냐?"

요새를 떠나기 전 조영은 두 아들의 손을 굳게 잡았다. 할아버지의 죽음 앞에서도 무예와 문예는 눈물을 삼킬 수밖에 없었다. 너무 많은 병사와 유민들이 목숨을 잃었다. 그러나 아직 끝이 아니었다. 슬픔에 잠겨 있을 수만은 없었다.

유민들이 숨을 죽인 채 어둠에 덮인 요새 뒷문을 빠져나갔다. 유민들의 눈빛 속에 슬픔이 깃들어 있었다. 슬픔 너머에 두려움이 숨어 있다는 것을 조영은 잘 알았다.

어둠이 달라붙은 숲길이 이어졌다. 말고삐를 잡아 끌며 숲길을 벗어난 조영은 뒤를 돌아보았다. 횃불조차 밝힐 수 없는 어두운 길이었다.

멀리 요새의 불빛이 보였다. 다시 북소리가 밤하늘 위로 퍼져 나갔다. 당나라군의 횃불이 요새를 향해 밀려가고 있었다. 걸사비우의 외침이 들리는 듯했다. 요새 안에 남아 싸우는 병사들의 비명이 들리는 것만 같았다.

조영은 말 머리를 돌렸다. 한 치 앞도 내다볼 수 없는 깊은 어둠이 앞을 가로막고 있었다.

천문령을 넘어

"살아남은 병사들이 돌아왔습니다!"

뒤를 살피던 병사가 소리쳤다. 산자락을 휘감은 새벽안개를 뚫고 십여 명의 병사들이 달려오고 있었다. 무척 지치고 상처 입은 모습이었다.

"걸사비우 장군은 어찌 되셨는가?"

조영은 병사들을 살피며 다급히 물었다.

"이해고와 맞서 싸우다 그만……."

병사들이 고개를 떨구었다.

"유민들이 몰래 빠져나간 것을 눈치챈 이해고가 곧바로 공격하기 시작했습니다. 이를 막고자 걸사비우 장군께서 죽기를 각오하고 싸웠지만 수가 너무 적어 역부족이었습니다."

병사가 끝내 굵은 눈물을 흘렸다. 조영은 가슴이 아팠다. 호탕하게 웃던 걸사비우의 모습이 눈앞에 아른거렸다. 유민들이 조금이라도 더 멀리 갈 수 있도록 걸사비우는 목숨을 내던져 당나라군을 막아섰던 것이다.

"살아 돌아와 줘서 더없이 고맙구나."

조영은 병사들의 손을 하나하나 따뜻하게 잡아 주었다. 조영과 병사들의 눈가가 붉게 물들었다.

"쫓아오는 당나라군을 막고 반드시 천문령을 넘어야 한다!"

조영은 각오를 다지고 행군을 서둘렀다. 걸사비우와 병사들의 희생을 헛되이 할 수 없었다. 그러나 유민들이 몹시 지쳐 있었다. 서로를 의지하며 밤낮없이 천문령으로 향했지만 빠르게 뒤쫓는 당나라군을 뿌리칠 수 없었다.

"이대로는 유민들이 위험하다. 내가 병사들과 뒤에 남아 당나라군을 천문령 골짜기로 끌어들일 것이다."

조영은 무예와 문예를 불러 말했다.

"저도 아버님과 함께 남겠습니다!"

큰아들 무예가 칼을 쥐고 앞으로 나섰다. 그러나 조영은 허락하지 않았다.

"너희는 유민들을 무사히 이끌고 천문령으로 가서 기다리거라."

조영은 자신을 남겨 두고 싸우러 나간 아버지의 마음을 이해할 수 있었다. 당나라군과 맞서는 것을 아들에게 맡길 수는 없었다.
 조영은 두 아들과 유민들을 먼저 보내고 일부 병사들과 함께 숲속에 몸을 숨겼다. 쫓아오는 당나라 대군에 비하면 턱없이 부족한 수였지만 모두가 날쌔고 재빠른 병사들이었다.
 "당나라군을 숲속으로 깊숙이 끌어들여야 한다!"
 조영은 당나라군이 올 때까지 숨을 죽이며 기다렸다. 고구려 병

사들이 숨어 있는 줄 모르는 이해고가 당나라 군대를 이끌고 나타났다.

"지금이다! 화살을 쏘아라!"

조영이 병사들을 향해 외쳤다.

"기습이다! 고구려군이다!"

숲속에서 빗발치듯 쏟아지는 화살에 당나라 병사들이 크게 당황했다.

"고구려 놈들이 숨어 있다. 숲속을 샅샅이 뒤져 대조영을 붙잡아라!"

이해고가 칼을 휘두르며 외치자 당나라 병사들이 숲을 향해 달려들기 시작했다. 조영은 고구려 병사들과 더 깊은 숲속으로 재빨리 물러났다.

"고구려 놈들이 달아나고 있습니다!"

당나라 병사들이 허둥거리며 소리쳤다.

"한 놈도 놓치지 마라. 대조영을 살려 보내서는 안 된다!"

이해고의 외침에 당나라 병사들이 빽빽한 숲속으로 뛰어들었다.

"무턱대고 숲속으로 달려들면 안 됩니다!"

이상한 낌새를 눈치챈 장수들이 막아섰다. 그러나 이해고는 귀담아듣지 않았다.

"고구려 놈들이 무서워 쫓지 않는다면 어찌 당나라군이라 하겠느냐!"

이해고의 마음은 초조함으로 바싹바싹 타들어 가고 있었다. 반드시 대조영을 붙잡아야 했다. 만약 실패한다면 당나라에 항복한 거란의 장수인 이해고는 큰 벌을 피할 수 없었다.

"반드시 대조영을 잡아라. 절대 놓치지 마라!"

깊은 숲으로 무작정 뛰어든 당나라 병사들은 방향을 잃고 뿔뿔이 흩어졌다. 고구려 병사들은 숨어 있다가 당나라 병사들을 공격하고 재빨리 사라졌다. 정신없이 밀어닥치는 기습 공격에 당나라 병사들이 풀썩풀썩 쓰러졌다.

"후퇴해야 합니다. 대조영이 파 놓은 함정입니다!"

당나라 장수가 다급히 외쳤다.

이해고는 끓어오르는 화를 참을 수 없었다. 잡힐 듯 잡히지 않는 대조영을 어떻게든 붙잡고 싶었다. 그러나 거듭되는 기습 공격으로 당나라 병사들은 점점 지쳐 갔다.

숲속으로 차가운 빗줄기가 쏟아졌다. 조영과 병사들은 빗속을 뚫고 험한 산등성이를 넘었다. 서둘러 유민들을 따라잡아야 했다. 병사들은 몹시 지쳐 있었지만 쉴 틈이 없었다.

"아버님!"

풀숲에 숨어 있던 무예가 모습을 드러냈다.

"이곳에 있었구나. 이해고를 따돌리기는 했지만 금방 다시 쫓아올 것이다. 시간이 없구나!"

조영은 숨을 돌릴 새도 없이 병사들을 이끌고 유민들이 숨어 있는 천문령으로 이동했다. 깎아지른 절벽과 높은 산봉우리가 우뚝 솟아 있었다. 깊은 골짜기도 계속 이어졌다. 당나라 대군을 맞아 싸우기 좋은 장소라는 것을 느낄 수 있었다.

"우리가 죽느냐 살아 동모산으로 가느냐는 이곳 천문령에서의 전투에 달려 있소!"

조영은 유민과 병사들 앞에서 크게 외쳤다.

"당나라군의 수가 많지만 천문령의 험한 지형을 이용하면 능히 물리칠 수 있소! 그러니 다들 힘을 내어 조금만 버텨 주시오."

결코 물러설 수 없는 싸움이었다. 병사와 유민들도 그것을 잘 알고 있었다. 이곳에서 당나라군을 물리치지 못하면 더 이상 숨거나 도망칠 곳이 없었다.

조영은 병사들을 나누어 천문령 계곡과 숲속에 숨겼다. 사방이 고요하고 바람 한 점 불지 않았다.

이해고가 당나라군을 이끌고 천문령 계곡으로 거침없이 들어섰다. 말발굽 소리와 병사들의 발소리가 절벽에 부딪혀 메아리쳤다.

"천문령은 고구려군이 숨기 좋은 곳입니다. 먼저 병사들을 보내 앞을 살펴야 합니다."

불길함을 느낀 장수가 이해고에게 말했다.

"무슨 소리냐! 대조영이 바로 코앞에 있다. 여기서 꾸물거리면 더 멀리 달아날 것이다. 빨리 놈들을 쫓아야 한다!"

이해고는 당나라군을 다그치며 계곡 안으로 깊숙이 들어갔다. 깎아지른 절벽 사이로 난 길이 점점 좁아졌다. 울창한 숲 때문에 제대로 앞을 살필 수도 없었다.

"지금이다! 당나라군을 한 놈도 살려 두지 마라!"

숲속에서 갑자기 튀어나온 고구려 병사들이 당나라군의 옆을 공격했다. 당나라 병사들은 놀라 흐트러지기 시작했다.

"또 숨어 있었구나! 고구려 놈들을 모두 쓸어버려라!"

당나라군이 대열을 가다듬고 반격하자 고구려 병사들이 재빠르게 숲속으로 물러났다.

"고구려군을 쫓아서는 안 됩니다!"

당나라 장수가 외쳤다.

"우리 군의 수가 훨씬 많은데 무엇이 두려우냐? 이번에는 절대 놓치지 않을 것이다!"

눈앞에서 또다시 조영을 놓친 이해고는 장수의 말을 듣지 않았다.

"이해고, 네 이놈! 억울하게 죽어 간 사람들의 한을 천문령에서 씻을 것이다!"

조영이 험준한 계곡 안쪽에서 이해고를 향해 외쳤다. 그 소리가 계곡을 타고 쩌렁쩌렁 울려 퍼졌다.

"드디어 나타났구나! 대조영, 반드시 내 손으로 붙잡을 것이다!"

흥분한 이해고가 기마병을 몰아 계곡 안으로 들어갔다. 당나라군은 수는 많았지만 길이 좁고 험해서 제대로 움직이지 못했다.

"장군, 더 이상 쫓는 것은 위험합니다!"

"비켜라! 놈들이 숨어 있다고 해도 얼마든지 상대할 수 있다!"

이해고는 멈추지 않고 계속 나아갔다. 대조영을 잡겠다는 마음에 사로잡혀 주위는 전혀 살피지 못했다.

"이해고가 계곡 안까지 들어왔다. 신호를 보내라!"

당나라군의 움직임을 살피던 조영이 명령하자 불화살이 날아올랐다.

이해고는 당황하며 말을 멈추었다. 그 순간 천지를 가르는 듯한 굉음이 계곡 안으로 퍼졌다. 절벽 위에서 유민과 병사들이 힘을 모아 거대한 바윗돌을 계곡으로 굴렸다. 바위가 당나라군을 향해 무섭게 떨어졌다.

"아뿔싸! 대조영의 잔꾀에 걸려들었구나!"

놀란 말들이 날뛰다 서로 뒤엉키며 넘어졌다. 피할 곳이 없는 당나라 병사들은 속절없이 바위에 깔렸다.

"대조영, 네 이놈!"

이해고는 분을 삭일 수 없었지만 살기 위해 허둥거리며 말 머리를 돌려야 했다. 천문령 전투에서 살아남은 당나라군은 얼마 되지 않았다.

"이해고가 도망치고 있다! 당나라 놈들이 달아나고 있어!"

"우리가 당나라를 물리쳤다!"

유민들의 함성이 울려 퍼졌다. 사람들은 서로를 부둥켜안고 뜨거운 눈물을 흘렸다. 조영의 눈시울도 붉게 물들었다.

"이제 천문령을 넘어 동모산으로 갈 것이오! 모두 함께 새로운 땅을 향해 갑시다!"

조영은 유민들을 향해 크게 외쳤다.

"대조영 장군 만세!"

"고구려 만세!"

유민들의 함성이 울려 퍼지며 오래도록 천문령을 가득 메웠다. 천문령 전투는 조영과 유민들이 목숨을 걸고 당나라 대군을 물리친 싸움이었다. 죽음조차 두려워하지 않고 모두가 한마음이 되어 얻은 값진 승리였다.

발해, 새 나라를 열다

어둠이 물러가고 새벽하늘이 밝아 왔다. 드넓은 벌판 위에 동모산이 우뚝 솟아 있었다. 푸른 강물이 동모산을 감싸듯 흘렀다. 마침내 다다른 땅이었다. 영주를 떠나 멀고 먼 길을 오는 동안 수많은 날이 지나 있었다.

"동모산이다!"

"살아서 동모산까지 오다니 믿을 수가 없구나!"

유민들은 서로를 얼싸안고 뜨거운 눈물을 흘렸다.

"아버님, 동모산이 성벽처럼 솟아 있습니다. 넓은 벌판에 집을 짓고 땅을 일구면 좋겠습니다."

무예가 동모산을 바라보며 밝은 목소리로 말했다.

"오랜 옛날부터 동모산은 고구려의 땅이었다. 당나라와 멀리 떨어져 있고 신라와도 멀어 쉽게 공격받지 않을 것이다."

조영은 동모산이야말로 나라를 세워 도읍지로 삼을 만한 훌륭한 땅이라고 생각했다.

"동모산에 산성을 쌓고 당나라군의 침입에 대비해야 한다!"

천문령에서 크게 패한 당나라가 가만히 있을 리 없었다. 여러 고비를 넘기고 동모산에 이르렀지만 아직도 당나라의 위협에서 완전히 벗어난 것이 아니었다.

조영은 유민들과 마주 섰다. 생사를 함께해 온 유민들이 조영을 바라보며 벌판 위에 서 있었다. 조영의 가슴은 한없이 뜨거웠다.

"아직은 우리의 안전을 장담할 수 없지만 이곳 동모산에서 새 나라를 세울 것입니다. 거친 땅을 새롭게 일구어야 합니다."

동모산까지 힘들게 왔지만 또다시 고된 일을 시작해야 했다.

"우리가 마땅히 해야 할 일입니다."

"기쁜 마음으로 기꺼이 할 것입니다. 이곳은 우리가 살아갈 땅입니다!"

유민들이 두 손을 힘차게 들어 올리며 함성을 질렀다. 그 함성 속에 유민들의 굳은 의지와 희망이 가득 담겨 있었다.

산성을 쌓는 일은 순조롭게 이어졌다. 벌판에도 성벽을 쌓고 백성들이 살아갈 집을 만들었다. 거친 땅도 일구었다. 조영은 당나라와 맞서기 위해 병사들을 훈련시켰다. 유민을 지키려고 병사가 된

젊은이들이 믿음직한 장수가 되었고 걸사비우가 이끌던 말갈의 병사들도 새 나라를 지켜 낼 늠름한 군대로 거듭났다.

드디어 동모산 위에 튼튼한 산성이 우뚝 선 날, 조영은 백성들의 환대 속에서 왕의 자리에 올랐다. 나라 이름은 진국이라 정했다가 얼마 후, 발해로 바꾸었다. 고구려의 땅에 새 나라를 세운 것이다. 조영이 동모산에 나라를 세웠다는 이야기는 사방으로 퍼졌다. 멀리서 발해의 백성이 되기 위해 수많은 유민들이 찾아왔다. 조영은 주변 나라에 사신을 보내 외교 관계를 맺었다.

발해가 빠른 시간 안에 나라의 모습을 갖추자 당나라는 크게 당황했다. 하지만 쉽게 군대를 보내 공격할 수 없었다. 힘을 키운 발해와 싸워 승리를 장담할 수 없었기 때문이다. 그리고 함께 거란을 몰아낸 돌궐이 영주 땅을 빼앗아서 밖으로 눈을 돌릴 여유도 없었다.

조영은 그 시기를 놓치지 않고 나라 안팎을 돌보며 발해의 힘을 더욱 키웠다. 숨 가쁜 나날이 흘러가고 있었다.

며칠째 몰아치던 거센 바람이 잦아든 어느 날, 조영은 큰아들 무예와 함께 성루에 올랐다. 동모산 아래로 드넓은 벌판이 내려다보였다. 반듯하게 자리 잡은 마을과 잘 익어 가는 곡식이 끝없이 펼쳐져 있었다.

조영은 아버지와 함께 영주의 언덕 위에서 보았던 동쪽 벌판을 떠올렸다. 이제는 아득히 먼 서쪽 땅이었다.

"참으로 먼 길이었구나."

조영은 서쪽 벌판을 하염없이 바라보았다. 무예는 아버지가 영주 쪽을 보고 있다는 것을 알았다.

"앞으로 더 먼 길을 가야 할지도 모른다. 당나라를 비롯해 여러 나라가 우리를 매섭게 지켜보고 있구나."

조영은 무예를 바라보며 말했다.

"어떤 고난이 닥친다 해도 절대로 물러서면 안 된다. 마음속에 큰 뜻을 품거라. 우리가 드넓은 영토를 다스린 고구려의 후손이라는 걸 결코 잊지 말거라."

걸걸중상이 언제나 조영에게 당부한 말이었다. 조영은 한시도 아버지의 당부를 잊은 적이 없었다.

"아바마마, 가슴 깊이 새기겠습니다!"

무예가 힘차게 대답했다.

"당나라는 다른 민족을 모질게 대했다. 하지만 우리는 절대 그래서는 안 된다. 이 땅에 찾아오는 사람은 모두가 똑같은 발해의 백성이다. 이를 깊이 새기거라."

조영은 발해가 다양한 민족을 한마음으로 품기를 바랐다.

"머지않아 네가 나라를 이끌어야 할 때가 올 것이다. 그때가 되면 누구도 감히 넘볼 수 없는 큰 나라를 만들어야 한다. 백성이 끌려가거나 짓밟히지 않는 강한 나라를 만들거라."

　조영은 모래바람이 휘몰아치는 언덕 위에 굳건히 서 있던 아버지를 떠올렸다.

　구름 사이로 한 줄기 햇살이 내려왔다. 밝은 햇살이 동모산을 감싸듯 비추었다. 발해의 땅을 모두 비추려는 듯 맑고 투명한 빛이 한없이 쏟아지고 있었다.